DÉPARTEMENS

ET

COMMUNES.

Améliorations indispensables.

DÉCEMBRE 1830.

PAR B.-L. CORAIL, Négociant.

TOULOUSE,

IMPRIMERIE DE BÉNICHET CADET,

RUE FOURBASTARD, N.º 26.

INTRODUCTION.

Une ère nouvelle s'ouvre pour la France, un roi citoyen donne l'impulsion. O France! ô ma patrie! quel brillant avenir! Haines, dissentions, égoïsme, disparaissez sans retour; qu'un saint enthousiasme réunisse tous les cœurs, que la justice règne sans partage; plus d'ambition que celle du bien public. Puissions-nous donner à l'univers l'exemple de toutes les vertus, ne former qu'un vœu, le bonheur de tous!

Dans un gouvernement libre il n'existe ni premier ni dernier citoyen : le plus pauvre doit son tribut à son pays, le plus riche a de plus grands devoirs à remplir, de plus grandes dettes à acquitter. Un grand pas est fait sans doute; chaque jour va voir éclore quelque amélioration nouvelle; les esprits sont préparés à d'utiles changemens, ils ont acquis la maturité convenable; mais il faut tout créer à la fois. L'instruction publique, dégagée de toute influence contraire, de tout privilége, de tout impôt, a besoin, pour jouir de toute sa prospérité, d'être livrée à une salutaire concurrence. Alors seulement les meilleures

méthodes d'enseignement feront crouler les vieil-
les routines. L'esprit des jeunes élèves, loin d'être
faussé par des professeurs fanatiques ou ignorans,
n'aura pour guide que la vérité ; ils apprendront
à remplir tous les devoirs, ils seront l'espoir du
pays, et deviendront bientôt ses défenseurs. La
reconstruction de tout le système municipal et
départemental doit avoir la plus salutaire influence. Le despotisme des préfets et des maires étouf-
fait toutes les améliorations ; entourés de créa-
tures privilégiées, l'intérêt particulier dominait
sans cesse. Les conseillers des préfectures et des
mairies, ignorans, fanatiques, orgueilleux de
leurs titres, voyaient à peine des hommes dans
la plupart de leurs administrés ; ils n'avaient qu'un
but, humilier la roture, retenir tout essor ; ils
eussent voulu l'enchaîner et river ses fers. Avec
de pareils élémens, faire le bien devenait impos-
sible ; et si dans le nombre quelque homme de
mérite voulait élever sa voix, il était bientôt
découragé par les obstacles.

Je vais tâcher d'indiquer les améliorations que
réclament chaque département, chaque commune ; ma tâche est belle à remplir. Puisse le patriotisme le plus pur encourager mon zèle et soutenir
mes faibles efforts !

DÉPARTEMENS

ET COMMUNES.

Améliorations indispensables.

DÉPARTEMENS.

Le plus grand défaut du système qui vient de s'écrouler était une trop grande centralisation de pouvoir sur la capitale. Honneur aux Parisiens ! ils se sont mis héroïquement à la tête de la nation, ils méritent la reconnaissance de la patrie. Loin de moi toute ombre de jalousie sur les prérogatives de Paris ! Il est nécessaire, il est juste même qu'aujourd'hui il joùisse d'une grande prépondérance ; mais n'est-il pas aussi à désirer que les départemens, chacun dans son territoire, profitent de toutes les ressources et de tous les avantages qui se concilient avec l'accroissement de l'industrie, la nouvelle culture, les bienfaits de l'instruction, et cet amour également patriotique de chaque citoyen d'illustrer le sol qui l'a vu naître ? Tout le monde n'a pas les moyens de s'entretenir à Paris pour se perfectionner. Chaque chef-lieu de département devrait, suivant son importance, suffire à toutes les branches d'enseignement ; les industries particulières devraient être encouragées et soutenues au besoin, surtout les premières années ; les élèves les plus distingués pourraient être envoyés à Paris pour récompense. Enfin, il serait à désirer que chaque chef-lieu possédât des professeurs de droit, de médecine, de chimie, de physique, de tous les arts libéraux, et surtout une école d'arts et métiers. La liberté qui réchauffe le cœur de la jeunesse se retremperait par l'émulation, le patriotisme ne pourrait plus s'engourdir.

Le conseil de préfecture devrait s'assembler tous les trois mois, prendre en considération la situation des départemens, tenir ses séances publiques, et s'adjoindre toutes les fois au moins un membre de chaque canton, nommé au scrutin sur les maires de toutes les communes. Tous auraient l'initiative de ce qu'ils voudraient proposer, et la délibération serait prise sur la majorité de tous les présens ; ainsi ces réunions se composeraient des conseillers de préfecture et des députés des cantons. Les premiers s'occuperaient de leurs anciennes attributions, mais toutes ces fonctions seraient gratuites. Les sous-préfets devraient être pris de droit parmi les conseillers de préfecture exerçant depuis cinq ans, et les préfets parmi les sous-préfets, sans qu'on pût jamais interrompre l'ordre d'une hiérarchie aussi légale.

Chaque département devrait posséder au moins un professeur de tous les genres d'instruction, et le nombre devrait en être augmenté suivant l'importance de la population. Il devrait y avoir aussi un haras, une ferme-modèle ; tous les perfectionnemens de l'agriculture et toutes sortes d'essais devraient pouvoir être mis en pratique avec utilité. Une compagnie de mineurs, exclusivement chargée du forage des puits artésiens et de la découverte des mines, devrait être organisée. Un certain nombre d'officiers du génie devraient être occupés exclusivement de rendre les rivières navigables, canaliser les intervalles d'un fleuve à l'autre, dessécher les étangs, fonder des colonies dans les endroits les plus incultes, entretenir les chemins publics et en créer de nouveaux, suivant les besoins du service.

Le premier devoir du préfet et de son conseil serait de s'instruire des localités, d'étudier le climat, la nature du sol, le génie des habitans, leur antipathie, pour pouvoir détruire les préjugés, de favoriser tous les établissemens utiles, de protéger les nouvelles découvertes, de propager les grandes associations, de favoriser les fabricans, de leur faire obtenir les prises d'eau, les concessions de houille. Faire une exposition départementale tous les cinq ans serait le moyen le plus convenable d'exciter l'émulation, de faire connaître les progrès et les retards de l'industrie, et de lui donner une impulsion salutaire.

La sagesse, l'ordre immuable qui préside cet univers et qui le dirige, n'a rien créé d'inutile sur la terre. C'est au génie de l'homme à s'instruire et à savoir profiter de tous ses avantages. Tout dans la nature offre une perfection qu'il faut étudier pour être capable de l'admirer; chaque pas offre des variétés nouvelles. Il est essentiel de savoir apprécier les qualités du terrain. Quelquefois un mélange que l'on néglige, de deux qualités de terres également incultes, pourrait porter l'abondance dans un pays et en fertiliser les campagnes.

Jamais les îlotes de Sparte, ni les nègres esclaves de l'Amérique, n'ont été plus malheureux que ne le sont encore certains paysans de France attachés à la grande propriété : c'est principalement dans le midi, dans le Gers et la Haute-Garonne, surtout dans l'ancien Lauraguais.

A peine un maître-valet de ces malheureuses contrées a-t-il dix sous par jour pour s'entretenir lui et sa famille. Il ne conserve d'humain que la figure. Sans émulation, puisqu'il ne retire aucun avantage de son travail, ses membres engourdis imitent la lenteur du bœuf qu'il conduit ; il en a la paresse, il est heureux de ne rien faire. Quelle est la suite de cette apathie ? La misère, les maladies, une vieillesse anticipée ; au moindre accident, la mort loin de tous les siens : voilà son avenir. Une chemise grossière, que recouvre un mauvais sarreau de toile en été, une méchante cape en hiver, les pieds nus, sans autre chaussure que des sabots dans la mauvaise saison : voilà son vêtement. Quelle est sa nourriture ? Il ne goûte jamais le froment qu'il récolte ; un mauvais pain de millet, lourd, malsain, pas même de l'eau rougie pour boisson, des légumes en petite quantité, voilà son existence habituelle.

Je le demande avec naïveté : quel avantage retirent ces malheureux de la société qu'ils entretiennent par leur travail ? N'est-il pas de toute justice que la nouvelle charte qui va nous régir les fasse jouir de quelques bienfaits ? Leurs enfans ne prodiguent-ils par leur sang pour vous défendre ? S'ils n'ont rien à perdre, rien à conserver, pouvez-vous leur faire supporter des dangers dont ils ne retirent aucun avantage ? N'y aurait-il pas quelque moyen d'arracher ces infortunés à un si humiliant esclavage ? La tâche est bien difficile. Tous les propriétaires de ces contrées sont unanimes dans l'ignorance, les préjugés. Ce qui est une calamité pour leurs paysans est l'âge d'or pour eux sur la terre ; leur bonheur est de les voir misérables ; le contraste de leur pauvreté leur fait mieux savourer leurs richesses ; leur avilissement les élève et leur donne de la fierté ; leur rêve d'ancien régime existe pour eux dans leurs châteaux, dans leurs métairies. Croyez-vous qu'ils renonceront volontairement à de si douces jouissances ? Il dépendrait du gouvernement de faire crouler cette barbarie, reste impur de l'ancienne féodalité. Je m'explique.

Celui qui ne retire aucun avantage du travail finit par l'avoir en horreur ; celui qui en profite, bien au contraire, est stimulé constamment par les bienfaits qu'il lui procure. Le paysan laborieux est bien vêtu, bien nourri, bien logé : c'est ce contraste qu'il faut établir dans les pays les plus pauvres. Le gouvernement devrait, dans tous les pays arriérés, établir une colonie, dans l'endroit le plus abandonné et le plus misérable de chaque sous-préfecture. Avec tous les perfectionnemens de l'agriculture qu'on mettrait en pratique, on devrait faire marcher de front les différentes industries indispensables dans chaque pays, celles surtout que favoriseraient le terrain, le climat, les habitudes des nouveaux colons ; on devrait leur céder une partie du sol pour faciliter leur établissement, accorder quelques gratifications, fournir des avances pour les constructions nouvelles, donner enfin ces concessions comme une récompense aux militaires ou officiers qui auraient droit à la retraite. De nouvelles cités, de nouveaux villages s'élèveraient comme par enchantement ; on utiliserait les terrains incultes, les revenus de l'état seraient augmentés, ce qui indemniserait d'une partie des dépenses. L'émulation qui devrait en résulter serait incalculable, puisqu'elle ferait succéder aux routines et aux préjugés l'aisance, la richesse, l'amour du travail ; le nombre des prolétaires s'affaiblirait, et chaque jour verrait s'accroître le nombre des citoyens sous l'ombre protectrice d'un gouvernement tutélaire, du règne des lois et de la liberté.

Les députés des cantons devraient être choisis parmi les maires et au scrutin, chaque deux mois ; ils seraient chargés à la préfecture d'être les interprètes de toutes les communes qu'ils représenteraient ; ils seraient obligés de faire un rapport de situation générale, d'énoncer les désirs de leurs commettans, de signaler les abus de la routine, d'indiquer les modes de perfectionnement, rendre compte de la création et des progrès des instituteurs primaires.

Chaque mois, les maires devraient se rassembler au chef-lieu de canton, et discuter, en séance publique, tout ce qui serait réclamé par les communes. Chacun, suivant son patriotisme, ses lumières, énoncerait les améliorations générales et particulières qu'il croirait devoir être utiles ; ils nommeraient entr'eux le député pour la préfecture chaque deux mois ; mais celui qui serait désigné serait obligé d'être strictement l'organe de ses mandataires, sans pouvoir y substituer ses propres idées. Pour éviter cet abus, on ferait rédiger un petit mémoire, signé par les membres de l'assemblée, et l'élu ne pourrait ainsi s'écarter de son mandat.

Tous les quinze jours, les maires de chaque commune réuniraient à l'assemblée de ville les principaux habitans. Un comité devrait être formé pour accueillir les plaintes et les demandes de tous les citoyens, et le rapport devrait en être fait la séance suivante, afin qu'on pût prévenir tous les abus. Le meilleur mode pour imprimer le respect et la solennité convenables à ces réunions, serait de les rendre publiques. La carrière serait ouverte à tous les citoyens pour se rendre utiles, le dévouement trouverait sa récompense dans l'estime publique, et les intrigans, ordinairement incapables, n'ayant qu'à recueillir de la honte sans profit, se retireraient d'eux-mêmes.

L'avantage inappréciable de ces assemblées serait de former un esprit public et d'anéantir l'égoïsme. Chaque individu s'accoutumerait insensiblement à considérer le bien général comme le plus cher de ses désirs; ce serait enfin la source de toutes les vertus, la base inébranlable du plus pur patriotisme.

L'agriculture a toujours tenu le premier rang parmi les peuples civilisés ; c'est la nourriture du peuple, le nerf des états ; elle a cet immense avantage d'être attachée au sol. Il ne faut pas se le dissimuler, l'agriculteur est le premier citoyen. Les pays les plus ingrats, les plus rebelles à la culture, sont ceux où l'industrie a fait le plus de progrès : la nécessité est un grand maître. Quels sont les pays les plus heureux, ceux où il se commet le moins de crimes? C'est, parmi les peuples les plus instruits, ceux qui réunissent aux bienfaits de la culture toutes les ressources du commerce. Quels sont les pays les plus avancés dans la civilisation pour le bonheur de l'humanité? Les États-Unis, la Belgique et l'Angleterre.

Le nord de la France est plus riche, plus instruit, plus industrieux ; c'est surtout vers le midi que doivent se diriger les améliorations les plus indispensables. La lèpre la plus enracinée, la plus opposée au patriotisme, c'est la manie des places. On dirait, à voir cette fureur de parvenir, que les hommes ne sont quelque chose que par les brevets qui les nomment, et qu'ils ne sont plus rien dès qu'ils ont perdu leur emploi. Cela serait plaisant, si ce n'était une infirmité de l'espèce humaine. Aujourd'hui que l'instruction est plus répandue, surtout parmi la jeunesse, on devrait proposer une loi ainsi conçue : Tout individu, sans titre réel, convaincu de solliciter un emploi quelconque, sera exclu pour jamais de toute nomination. Qui voit-on constamment s'agiter, se moutrer, s'intriguer sans cesse ? Les gens les moins méritans, les plus incapables. Ce n'est pas même la conduite d'un jour qu'il faut examiner, c'est la vie entière. La première condition de toutes, celle qui doit être un motif d'exclusion pour tous ceux qui ne peuvent pas offrir cette garantie, c'est la probité la plus irréprochable. L'homme honnête, constamment en butte aux fripons de toutes les espèces, contracte nécessairement une sorte de dureté qui prévient difficilement au premier abord : il faut le connaître pour savoir l'apprécier. Le fripon au contraire est obséquieux, prévenant, vil à force de bassesses ; il n'a qu'un but, l'argent, les dignités. Peu lui importe la manière de les acquérir, pourvu qu'il les obtienne. L'or, les places, voilà toute sa conscience, son honneur, sa probité. L'homme de mérite ne se présente jamais ; il s'indigne en silence si on l'exclut quand il devrait être choisi, mais il attend qu'on vienne le chercher ; il jugerait toute démarche indigne de lui.

La nation connaît aujourd'hui tous ses ennemis ; ils se sont tous fait honneur de leur lâcheté, de leur parjure, de leurs trahisons. Jamais une occasion si belle ne s'est présentée pour épurer les emplois civils et militaires qu'ils avaient envahis. Le ciel, protecteur de la nation française, a permis peut-être à ses ennemis un triomphe de quinze ans, pour lui procurer des siècles de bonheur et de prospérité ; jamais l'exergue ne fut mieux placé, Dieu protége la France.

Tout individu qui se présente sans aucun titre pour solliciter un emploi, par cela seul devrait en être exclu, il en est indigne. Le gouvernement n'a pas deux routes à suivre : prendre ses soutiens dans le sein de ses défenseurs désintéressés, exclure ses ennemis qui se présentent tous sous l'aspect d'un faux zèle, qui n'est que le masque de l'égoïsme, de l'ambition et de l'incapacité. Qui donc a fait éclore nos essaims de frelons ! L'appât d'un immense butin, les traitemens exorbitans de tous les employés, le despotisme des gens en place, dont la morgue se fesait ressentir jusqu'aux plus petits subalternes. Salariés par le public, qu'on les force d'être honnêtes, prévenans à l'avenir ; qu'on supprime tous les gros rétribués, qu'on ne laisse subsister que le nombre strict des emplois nécessaires pour le service, que chacun soit forcé de remplir sa tâche, qu'on ne puisse avancer dans les bureaux que par son ancienneté, à mérite égal. Tous les gens incapables seront forcés à la retraite ; et comme on ne pourra solliciter de l'avancement que par ses services, il ne se présentera que ceux capables de les remplir.

Les paysans du midi de la France cultivent fort mal, et manquent généralement d'industrie. L'hiver est la saison la plus propice aux grands travaux de l'agriculture pour les transports de terre, les défoncemens, les plantations ; le corps est plus agile, on fatigue moins, la terre est elle-même plus facile à remuer : alors devraient être exécutés dans chaque département les entreprises votées pour l'année. Chaque commune devrait ordonner quelques travaux, ne fût-ce que pour donner de l'occupation aux paysans les plus misérables. Il serait digne des citoyens de se cotiser, afin de former dans chaque village, sous l'inspection des dames les plus aisées, des fabriques d'objets utiles et communs, où l'on pourrait utiliser les femmes et les enfans pendant la mauvaise saison. Faire travailler le peuple est la seule manière convenable de venir à son secours ; il ne faut jamais humilier le pauvre, ni le forcer à rougir de sa misère.

COMMUNES.

Le clocher qui nous vit naître retrace à nos cœurs les plus tendres souvenirs, on ne l'oublie jamais ; après les dangers d'une longue navigation , une absence pro-longée, comme on est ému en le revoyant ! Les lieux de l'enfance semblent devenir plus chers avec l'âge ; on se retrace avec délices les premières impressions de la vie ; on ne rappelle que les plaisirs ; les contrariétés , les peines ont disparu sans retour ; l'illusion est de tous les âges, le passé console, le temps s'écoule, on néglige le présent , on s'élance avec confiance dans l'avenir. La ville qui vous donna le jour est comme une seconde patrie. L'être le plus indifférent que l'on rencontre dans des lieux éloignés est embrassé comme un frère , dès qu'il est compatriote ; la moindre nouvelle est ac-cueillie avec transport ; on n'est plus étranger l'un à l'autre , un lien involontaire d'affection semble vous réunir. A peine rentré dans vos pénates , tout change : ce sentiment de bienveillance fait place à l'envie. Êtes-vous malheureux , on vous blâme ; fortuné , on médit de vous : telle est l'espèce humaine, telle elle sera tou-jours. Ce n'est pas qu'il n'y ait d'honorables excep-tions , mais elles sont rares ; en somme , quelle doit être la conduite d'un citoyen? Faire le bien , advienne que pourra.

L'homme est sujet à tous les vices, il devient sou-vent criminel ; il a besoin que les lois lui servent de frein, qu'elles tendent à l'adoucir, qu'elles le rendent meilleur. Le changement qui vient de s'opérer est une de ces merveilles inouïes dans les fastes de tous les peuples. Si nous savons profiter de notre situation , nous pouvons être le peuple le plus heureux de la terre. Combien une loi municipale sera-t-elle avantageuse pour la société entière !

De tous les emplois , celui de maire sera le poste le plus honorable, surtout quand il sera choisi par l'universalité des citoyens , et qu'il aura la capacité et le désir de faire le bien ; ses fonctions sont gratuites. Inhabile à faire le mal par le genre de son autorité, il est le protecteur-né de tous les habitans. Sans doute qu'on étendra ses attributions., et qu'il ne sera point obligé d'obtenir l'autorisation du ministre même pour les choses les plus minutieuses. Le but de cette institution serait manqué, s'il ne jouissait pas d'une indépendance convenable. Il serait juste que dans l'année un maire de grande ville pût illustrer sa magistrature par quelque mesure de bien public ou d'utilité générale ; et ce sera d'autant plus aisé, que les conseils communaux étant nommés comme lui par le choix du scrutin, il ne rencontrera plus ces obstacles invincibles de l'ignorance gothique, d'une certaine aristocratie de richesse, et la morgue des préjugés.

La nouvelle loi municipale devrait faire participer au choix des maires, des adjoints et des conseillers municipaux, presque l'universalité des citoyens, n'en élaguant que les prolétaires qui, ne possédant rien, ne paient aucun impôt ; tout ce qui paierait 100 fr. de contribution, n'importe l'espèce, devrait être appelé à concourir. Les conditions d'éligibilité devraient être les mêmes pour le maire et les adjoints des villes de 10,000 âmes et au-dessus ; ils devraient payer au moins 1,000 fr. d'impositions, afin d'offrir les garanties convenables à l'importance de leurs fonctions, et représenter d'une manière convenable. Dans les villes au-dessous de 10,000 âmes , on devrait faire une liste des plus imposés , parmi lesquels on devrait nécessairement les désigner. Les conseillers , n'offrant pas la même responsabilité , pourraient être élus dans l'universalité des électeurs : ce ne serait plus la fortune qui devrait être consultée , ce serait le mérite , l'instruction et les connaissances. Ce conseil devrait être assez nombreux pour comprendre au moins un élu de chaque profession honorable : ce serait alors le moyen infaillible de ne prendre que les décisions les plus avantageuses , chacun étant intéressé à faire le bien.

Le premier soin du maire et de son conseil sera de dépenser tous ses revenus , en ayant le soin de donner toujours la préférence aux choses d'urgence ; le second , de régulariser tous les services , éclairage , fontaines , propreté ; le troisième , d'utiliser tous les édifices , tous les locaux appartenant à la ville , de leur donner la destination la meilleure , de vendre ceux qui ne seraient d'aucune utilité publique , afin de ne laisser ni jachères , ni vacances de logement ; enfin , s'assurer des locaux convenables pour l'instruction primaire gratuite des enfans des deux sexes , et pourvoir au paiement de ses instituteurs , en adoptant partout l'enseignement mutuel , dont la méthode offre l'avantage d'apprendre plus vite et en plus grand nombre.

Un maire , auprès de ses administrés , doit être , comme un père de famille , leur protecteur , leur guide , leur conseil ; il doit imprimer le respect. La police qu'il exerce pour l'intérêt général doit être active , sans vexation ; elle doit plutôt s'attacher à prévenir les fautes qu'à les punir ; le jeu doit surtout exciter sa surveillance. De tous les poisons de la jeunesse, c'est le plus à redouter ; il dégoûte du travail , ruine les familles , devient l'origine de toutes les dépravations , de tous les crimes ; de toutes les passions, c'est la plus funeste par ses résultats. Le joueur est l'homme le plus à craindre dans la société. Quelle est la famille qui osera s'allier à lui? L'avenir le menace, le passé ne lui offre que des remords, le présent que l'anxiété la plus affreuse. Sans doute une loi dans l'intérêt général fera cesser cette honteuse protection aux fermiers des jeux , véritables escrocs patentés. Dans les villes , dans le moindre village , manque-t-il de tripots autorisés par ceux même qui devraient les détruire ! Ils étaient payés pour ne rien dire ; ils ajoutaient encore ce nouveau scandale à tant d'autres infamies qu'ils toléraient.

Dans les principales villes de France , il s'est formé des réunions d'avocats, de négocians, de propriétaires. Sous tous les rapports , elles sont avantageuses ; elles ont contribué surtout à l'amélioration de l'esprit public. Pourquoi faut-il que le démon du jeu vienne rembrunir le tableau si riant de tant d'honnêtes familles ? Le bal , la musique , la conversation , le billard , tout cela est bien : mais les cartes ! Comment ne réfléchit-on pas sur les abus, les malheurs qui peuvent en résulter? On se réunit pour se distraire. Quel plaisir aura retiré de sa soirée celui qui aura perdu 1,ooo fr. ? N'est-ce pas contre la morale publique de voir réunis autour de la même table de jeu un magistrat, un fils de famille , un banquier, un jeune étudiant, un officier supérieur, un élève de commerce? Ces jeunes gens perdent quelquefois dans une soirée toutes les économies que leurs parens avaient amassées à grands frais pour leur faire passer l'année. Ils ont tout perdu ; que deviendront-ils? La nécessité , le besoin commandent. Puissent-ils ne pas devenir criminels ! L'appât du gain illicite est une amorce terrible pour la jeunesse ; on apprend l'escamotage comme amusement, on finit quelquefois par s'en servir. Pense-t-on qu'un individu ruiné ne fasse pas ressource de tout? Plusieurs personnes ont la réputation d'être heureuses au jeu , elles gagnent toujours. Comment peut-on être assez crédule pour ne pas être convaincu que de pareilles gens sont des fripons adroits? Comment ne sont-ils pas signalés dans les sociétés habituelles qu'ils fréquentent? Comment un homme de sens peut-il être leur dupe? Il est digne de nos mœurs de faire cesser de tels abus. Les maires , par leur influence , peuvent surtout contribuer à les faire totalement disparaître.

Tous les peuples de l'univers ont porté la plus grande vénération pour les champs du repos; ils embellissaient à l'envi leur dernier asile. Presque toutes les villes de France , tous les villages , négligent ce devoir sacré. L'on devrait concilier la salubrité publique avec le respect pour la cendre des morts ; on devrait agrandir les lieux trop resserrés , les garantir de toute atteinte extérieure, ce qui est un sacrilége ; encourager, enfin , les citoyens à embellir leur dernière demeure, à honorer les souvenirs d'un père , d'une mère , d'un époux , d'un ami, sans les rebuter par des difficultés sans nombre et des droits exorbitans. N'est-ce pas assez de payer l'air qu'on respire ? faut-il être encore poursuivi par le fisc jusque dans le tombeau !

Chaque commune , suivant son importance , devrait s'attacher à réparer ou construire l'hôtel de ville. Sous un gouvernement libre, ce bâtiment, le premier de tous , doit être en rapport avec la population de chaque village, de chaque cité. On devrait consacrer un espace assez étendu pour la réunion de tous les citoyens, soit pour la nécessité , soit pour les réjouissances publiques. Il est essentiel qu'une salle très-vaste soit construite à l'intérieur , pour convoquer au besoin la majeure partie des habitans. Cette mesure deviendra une des plus urgentes pour les nouveaux maires. Dans beaucoup d'endroits en proie au fanatisme, aux préjugés, l'esprit public est tout à créer ; rien ne le favorise davantage que les réunions fréquentes et nombreuses. Dans la saison d'hiver, dans les mauvais temps, il peut devenir nécessaire, indispensable de réunir, d'instruire la garde nationale ; dans un danger imprévu, c'est le rendez-vous le plus naturel. Il ne faut pas croire que les individus qui s'engraissaient des dépouilles du peuple renoncent si facilement à tant d'avantages qu'ils ont perdus ; ils s'agiteront, ils chercheront à semer la défiance ; ils profiteront de toutes les circonstances pour soulever des mécontens. C'est au zèle, au patriotisme des citoyens, à déjouer tous leurs projets, à les réduire à l'impossibilité complète de nuire. Il faut pour cela se bien connaître, il faut donc se réunir souvent, il faut avoir un lieu favorable.

L'instruction réclamera toute la protection des nouveaux maires et de leurs conseils ; c'est la base du patriotisme : plus on est éclairé, mieux on remplit tous ses devoirs. Des écoles gratuites d'enseignement mutuel pour les deux sexes devraient être créées aux frais des communes. Si par leur pauvreté, leur peu d'importance, elles ne pouvaient y réussir, on devrait en réunir plusieurs pour les faire jouir de ce bienfait.

Le préjugé funeste, qu'il est honorable de ne rien faire, doit être combattu sans relâche ; il est la source de l'oisiveté, de la paresse ; il comprime toute émulation, rend les hommes stationnaires, détruit tout leur avenir. Le remède infaillible à ce mal invétéré, qui n'a sa source que dans les pays sans industrie, c'est de se cotiser pour former des établissemens utiles. Peut-

être le gouvernement aurait-il besoin de prendre l'initiative. Les maires de ces communes arriérées auront à
réchauffer le patriotisme de leurs administrés, d'autant plus difficiles à persuader, que l'instruction y est
plus négligée. Tout le midi de la France est en quelque sorte un autre pays; tout est à créer, à construire.
Il ne s'agit pas seulement de donner l'élan, il faut lut-
ter constamment contre les nombreux partisans de l'ab-
solutisme. Tel fonctionnaire qui serait excellent dans
une autre partie de la France, où il ne faut que secon-
der les citoyens, serait trop faible pour des endurcis :
il faut des hommes ardens, dévorés de l'amour du bien
public, capables de réprimer les méchans, de les réduire à la nullité la plus complète.

Les maires, dont les communes sont sans industrie,
devraient se mettre à la tête des hommes éclairés pour
former des associations, faire un appel à tous les étran-
gers, en leur offrant tous les avantages possibles. Des
établissemens nouveaux se formeraient dans tous les
genres, les populations sortiraient de leur apathie. Ils
devraient engager les chefs de famille aisés à faire voya-
ger leurs enfans, à les tenir quelque temps dans les
principales villes de France ou de l'étranger; bientôt
on les verrait, de retour dans leur foyer, donner l'impulsion, faire fleurir l'agriculture, créer des fabriques,
augmenter la valeur de toutes les propriétés, enrichir
le pays en fesant leur fortune particulière.

Dans les pays industriels, peu d'hommes s'adonnent
à l'oisiveté : il est honteux de ne pas travailler. Pro-
tégez donc l'industrie, flétrissez la paresse. N'encou-
ragez pas, par des aumônes déplacées, ces malheureux
à haillons, qui se réjouissent en secret des dupes dont
ils exercent la générosité journalière; secourez le malheureux, mais faites travailler tout ce qui est capable

de gagner sa vie ; supprimez la mendicité : quelques légers impôts vous délivreront de cette lèpre importune, et vos yeux n'auront plus à s'attrister continuellement de ce hideux spectacle.

Chaque maire doit porter une attention particulière à la santé des habitans, à la bonté des eaux, à la qualité des alimens, à la propreté des rues. Dans presque toutes les villes de France, les commissaires de police se fesaient un revenu des fraudes qu'ils favorisaient au préjudice des citoyens : on ne saurait apporter une trop grande surveillance pour faire disparaître des abus aussi crians. Partout où l'autorité peut se procurer des fontaines, c'est le plus grand bienfait qu'elle puisse accorder à ses administrés. Quand les eaux potables manquent dans un pays, elles contribuent tellement à la santé des habitans, qu'on devrait alors faire la demande à la préfecture d'un aquéduc qui pût conduire les eaux dans la commune, pour le besoin de la population.

Il est du devoir d'un maire d'exercer la surveillance la plus active sur les hommes sans profession et sans moyens d'existence connus. Les grandes villes renferment nécessairement les individus qui peuplent les bagnes et les prisons. Les mauvais lieux, certains cafés, les tripots, voilà leur passe-temps ; ils sont adonnés à tous les vices, ils sont toujours dans le besoin, ils n'ont d'autre ressource que le crime, ils finissent toujours par succomber. Les villes de garnison, d'écoles, recèlent un plus grand nombre de ces malheureux : c'est défendre la cause de l'humanité, que de les empêcher de nuire. N'y aurait-il pas quelque moyen de purger les villes, d'écouler ces égouts dans les colonies ? Tout individu sans profession, suspect, devrait être forcé de se présenter à la mairie qu'il habiterait tous les mois ;

et dès qu'il aurait été convaincu d'être dans cet état depuis trois années, il devrait être considéré comme vagabond, enrôlé dans un régiment, chassé de France, ou mis dans une maison correctionnelle, jusqu'à ce qu'il eût appris un métier.

Un grand abus règne dans les travaux publics à exécuter. On met tant de lenteur à les payer, il faut passer par tant d'épreuves, tant de rabais, qu'il ne se présente que peu de concurrens ; ils calculent tous les obstacles qu'ils doivent éprouver ; la commune finit par payer plus cher.

Sous un système vicieux tout était privilége ; sous un système libéral on doit toujours admettre la concurrence : c'est la vie des états, la destruction de tous les abus. Les théâtres sont partout régis par des privilégiés ; ils font la loi au public. Annoncez d'avance que telle direction sera vacante à telle époque ; que chaque concurrent soit forcé de fournir une caution pour la garantie des abonnés et des pensionnaires ; laissez offrir à chacun sa soumission, calculez tous les avantages, et donnez la préférence à celui qui fera la condition la meilleure. Les directeurs de spectacle ont une chance de succès presque assurée avec la nouvelle charte. Plus de censure, plus d'arbitraire. Les employés du gouvernement ne seront plus forcés de faire les tartufes ; ils pourront, eux et leur famille, se procurer l'innocent plaisir du spectacle sans craindre une destitution.

Je m'arrête. Tant de bienfaits sont à créer dans les départemens et les communes, qu'on pourrait facilement remplir des volumes sans épuiser la matière. Je me suis hâté de présenter quelques idées, par le désir immodéré que j'ai de faire le bien. Heureux du bienfait de la nouvelle charte, j'ai senti le besoin d'exprimer mes vœux pour le bonheur de mon pays ; ils sont

sincères. J'ai d'autant plus apprécié ce changement
inopiné, que mes opinions n'ont jamais varié, et
qu'amis et adversaires politiques m'ont toujours dési
gné comme un ami des lois, mais de la liberté. Le patriotisme pur, sans ambition, confond tous ses désirs
dans le bonheur de sa patrie. Tout homme de bien
doit être satisfait, tous ses souhaits sont remplis, ses
enfans seront libres comme lui ; nous possédons tous
les biens désirables dans la société humaine, le règne
des lois et de la liberté.

FIN.